Jean-Paul II

LE ROSAIRE DE LA VIERGE MARIE

Lettre Apostolique
Rosarium Virginis Mariæ
du Pape Jean-Paul II
à l'épiscopat, au clergé
et aux fidèles

MÉDIASPAUL

ISBN 2-89420-493-0

Dépôt légal — 4e trimestre 2002
Bibliothèque nationale du Québec
Bibliothèque nationale du Canada

3965, boul. Henri-Bourassa Est
Montréal, QC, H1H 1L1 (Canada)
www.mediaspaul.qc.ca
mediaspaul@mediaspaul.qc.ca

Imprimé au Canada — Printed in Canada

INTRODUCTION

1. Le Rosaire de la Vierge Marie, qui s'est développé progressivement au cours du deuxième millénaire sous l'inspiration de l'Esprit de Dieu, est une prière aimée de nombreux saints et encouragée par le Magistère. Dans sa simplicité et dans sa profondeur, il reste, même dans le troisième millénaire commençant, une prière d'une grande signification, destinée à porter des fruits de sainteté. Elle se situe bien dans la ligne spirituelle d'un christianisme qui, après deux mille ans, n'a rien perdu de la fraîcheur des origines et qui se sent poussé par l'Esprit de Dieu à «avancer au large» (*Duc in altum!*) pour redire, et même pour «crier» au monde, que le Christ est Seigneur et Sauveur, qu'il est «le chemin, la vérité et la vie» (*Jn* 14, 6), qu'il est «la fin de l'histoire humaine, le point vers lequel convergent les désirs de l'histoire et de la civilisation[1]».

En effet, tout en ayant une caractéristique mariale, le Rosaire est une prière dont le centre est christologique. Dans la sobriété de ses éléments, il concentre en lui la *profondeur de tout le message évangélique*, dont il est presque un résumé[2]. En lui résonne à nouveau la prière de Marie, son *Magnificat* permanent pour l'œuvre de l'Incarnation rédemptrice qui a commencé dans son sein virginal. Avec lui, le peuple chrétien *se met à l'école de Marie*, pour se laisser introduire dans la contemplation de la beauté du visage du Christ et dans l'expérience de la profondeur de son amour. Par le Rosaire, le croyant puise d'abondantes grâces, les recevant presque des mains mêmes de la Mère du Rédempteur.

Les Pontifes romains et le Rosaire

2. Beaucoup de mes prédécesseurs ont accordé une grande importance à cette prière. À ce sujet, des mérites particuliers reviennent à Léon XIII qui, le 1er septembre 1883, promulgua l'encyclique *Supremi apostolatus officio*[3], paroles fortes par lesquelles il inaugurait une série de nombreuses autres interventions concernant cette prière, qu'il présente comme un instrument spirituel efficace face aux maux de la société. Parmi les Papes les plus récents qui, dans la période conciliaire, se sont illustrés dans la promotion du Rosaire, je désire rappeler le bienheureux Jean XXIII[4] et surtout Paul VI qui, dans l'exhortation apostolique *Marialis cultus*, souligna, en harmonie avec l'inspiration du Concile Vatican II, le caractère évangélique du Rosaire et son orientation christologique.

Puis, moi-même, je n'ai négligé aucune occasion pour exhorter à la récitation fréquente du Rosaire. Depuis mes plus jeunes années, cette prière a eu une place importante dans ma vie spirituelle. Mon récent voyage en Pologne me l'a rappelé avec force, et surtout la visite au sanctuaire de Kalwaria. Le Rosaire m'a accompagné dans les temps de joie et dans les temps d'épreuve. Je lui ai confié de nombreuses préoccupations. En lui, j'ai toujours trouvé le réconfort.

Il y a vingt-quatre ans, le 29 octobre 1978, deux semaines à peine après mon élection au Siège de Pierre, laissant entrevoir quelque chose de mon âme, je m'exprimais ainsi: «Le Rosaire est ma prière préférée. C'est une prière merveilleuse. Merveilleuse de simplicité et de profondeur. [...] On peut dire que le Rosaire est, d'une certaine manière, une prière-commentaire du dernier chapitre de la Constitution *Lumen gentium* du deuxième Concile du Vatican, chapitre qui traite de l'admirable présence de la Mère de Dieu dans le mystère du Christ et de l'Église. En effet, sur l'arrière-fond des *Ave Maria* défilent les principaux épisodes de la vie de Jésus Christ. Réunis en mystères joyeux, douloureux et glorieux, ils ([1961], pp. 641-647: *La Documentation catholique* 58 [1961], col. 1265-1271) nous mettent en communion vivante avec Jésus à travers le cœur de sa Mère, pourrions-nous dire. En même temps, nous pouvons rassembler dans ces dizaines du Rosaire tous les événements de notre vie individuelle ou familiale, de la vie de notre pays, de l'Église, de l'humanité, c'est-à-dire nos événements personnels ou ceux de notre prochain, et en particulier de ceux qui nous sont les plus proches, qui nous tiennent le plus à cœur. C'est ainsi que la simple prière du Rosaire s'écoule au rythme de la vie humaine[5].»

Par ces paroles, chers frères et sœurs, je mettais dans le rythme quotidien du Rosaire *ma première année de Pontificat*. Aujourd'hui, *au début de ma vingt-cinquième année de service comme Successeur de Pierre*, je désire faire de même. Que de grâces n'ai-je pas reçues de la Vierge Sainte à travers le Rosaire au cours de ces années: *Magnificat anima mea Dominum!* Je désire faire monter mon action de grâce vers le

Seigneur avec les paroles de sa très sainte Mère, sous la protection de laquelle j'ai placé mon ministère pétrinien: *Totus tuus!*

Octobre 2002 - octobre 2003: Année du Rosaire

3. C'est pourquoi, faisant suite à la réflexion proposée dans la Lettre apostolique *Novo millennio ineunte*, dans laquelle, après l'expérience jubilaire, j'ai invité le Peuple de Dieu à «repartir du Christ[6]», j'ai senti la nécessité de développer une réflexion sur le Rosaire, presque comme un couronnement marial de cette lettre apostolique, pour exhorter à la contemplation du visage du Christ en compagnie de sa très sainte Mère et à son école. En effet, réciter le Rosaire n'est rien d'autre que contempler avec Marie le visage du Christ. Pour donner un plus grand relief à cette invitation, profitant de l'occasion du tout proche cent vingtième anniversaire de l'encyclique de Léon XIII déjà mentionnée, je désire que, tout au long de l'année, cette prière soit proposée et mise en valeur de manière particulière dans les différentes communautés chrétiennes. Je proclame donc l'année qui va d'octobre de cette année à octobre 2003 *Année du Rosaire*.

Je confie cette directive pastorale à l'initiative des différentes communautés ecclésiales. Ce faisant, je n'entends pas alourdir, mais plutôt unir et consolider les projets pastoraux des Églises particulières. Je suis certain que cette directive sera accueillie avec générosité et empressement. S'il est redécouvert dans sa pleine signification, le Rosaire conduit au cœur même de la vie chrétienne, et offre une occasion spirituelle et pédagogique ordinaire particulièrement féconde pour la contemplation personnelle, la formation du Peuple de Dieu et la nouvelle évangélisation. Il me plaît de le redire aussi à l'occasion du souvenir joyeux d'un autre événement: le quarantième anniversaire de l'ouverture du Concile œcuménique Vatican II (11 octobre 1962), cette «grande grâce» offerte par l'Esprit de Dieu à l'Église de notre temps[7].

Objections au Rosaire

4. L'opportunité d'une telle initiative découle de diverses considérations. La première concerne l'urgence de faire face à une certaine crise de cette prière qui, dans le contexte historique et théologique actuel, risque d'être à tort amoindrie dans sa valeur et ainsi rarement proposée aux nouvelles générations. D'aucuns pensent que le caractère central de la liturgie, à juste titre souligné par le Concile œcuménique Vatican II, a eu comme conséquence nécessaire une diminution de l'importance du Rosaire. En réalité, comme le précisait Paul VI, cette prière non seulement ne s'oppose pas à la liturgie, mais en constitue un support, puisqu'elle l'introduit bien et s'en fait l'écho, invitant à la vivre avec une plénitude de participation intérieure, afin d'en recueillir des fruits pour la vie quotidienne.

D'autres craignent peut-être qu'elle puisse apparaître peu œcuménique en raison de son caractère nettement marial. En réalité, elle se situe dans la plus pure perspective d'un culte à la Mère de Dieu, comme le Concile Vatican II l'a défini: un culte orienté vers le centre christologique de la foi chrétienne, de sorte que, «à travers l'honneur rendu à sa Mère, le Fils [...] soit connu, aimé, glorifié[8]». S'il est redécouvert de manière appropriée, le Rosaire constitue une aide, mais certainement pas un obstacle à l'œcuménisme.

La voie de la contemplation

5. Cependant, la raison la plus importante de redécouvrir avec force la pratique du Rosaire est le fait que ce dernier constitue un moyen très valable pour favoriser chez les fidèles *l'engagement de contemplation du mystère chrétien* que j'ai proposé dans la lettre apostolique *Novo millennio ineunte* comme une authentique «pédagogie de la sainteté»: «Il faut un christianisme qui se distingue avant tout dans *l'art de la prière*[9].» Alors que dans la culture contemporaine, même au milieu de nombreuses contradictions, affleure une nouvelle exigence de spiritualité, suscitée aussi par les influences d'autres religions, il est plus que jamais urgent que nos communautés chrétiennes deviennent «d'authentiques écoles de prière[10]».

Le Rosaire se situe dans la meilleure et dans la plus pure tradition de la contemplation chrétienne. Développé en Occident, il est une prière typiquement méditative et il correspond, en un sens, à la «prière du cœur» ou à la «prière de Jésus», qui a germé sur l'*humus* de l'Orient chrétien.

Prière pour la paix et pour la famille

6. Certaines circonstances historiques ont contribué à une meilleure actualisation du renouveau du Rosaire. La première d'entre elles est l'urgence d'implorer de Dieu le don de la paix. Le Rosaire a été à plusieurs reprises proposé par mes prédécesseurs et par moi-

même comme prière pour la paix. Au début d'un millénaire, qui a commencé avec les scènes horribles de l'attentat du 11 septembre 2001 et qui enregistre chaque jour dans de nombreuses parties du monde de nouvelles situations de sang et de violence, redécouvrir le Rosaire signifie s'immerger dans la contemplation du mystère de Celui «qui est notre paix», ayant fait «de deux peuples un seul, détruisant la barrière qui les séparait, c'est-à-dire la haine» (*Ep* 2, 14). On ne peut donc réciter le Rosaire sans se sentir entraîné dans un engagement précis de service de la paix, avec une attention particulière envers la terre de Jésus, encore si éprouvée, et particulièrement chère au cœur des chrétiens.

De manière analogue, il est urgent de s'engager et de prier pour une autre situation critique de notre époque, *celle de la famille*, cellule de la société, toujours plus attaquée par des forces destructrices, au niveau idéologique et pratique, qui font craindre pour l'avenir de cette institution fondamentale et irremplaçable, et, avec elle, pour le devenir de la société entière. Dans le cadre plus large de la pastorale familiale, le renouveau du Rosaire dans les familles chrétiennes se propose comme une aide efficace pour endiguer les effets dévastateurs de la crise actuelle.

«Voici ta mère!» **(Jn** ***19, 27)***

7. De nombreux signes montrent ce que la Vierge Sainte veut encore réaliser aujourd'hui, précisément à travers cette prière; cette mère attentive à laquelle, dans la personne du disciple bien-aimé, le Rédempteur confia au moment de sa mort tous les fils de l'Église:

«Femme, voici ton Fils.» (*Jn* 19, 26) Au cours du dix-neuvième et du vingtième siècles, les diverses circonstances au cours desquelles la Mère du Christ a fait en quelque sorte sentir sa présence et entendre sa voix pour exhorter le Peuple de Dieu à cette forme d'oraison contemplative sont connues. En raison de la nette influence qu'elles conservent dans la vie des chrétiens et à cause de leur reconnaissance importante de la part de l'Église, je désire rappeler en particulier les apparitions de Lourdes et de Fatima[11], dont les sanctuaires respectifs constituent le but de nombreux pèlerins à la recherche de réconfort et d'espérance.

Sur les pas des témoins

8. Il serait impossible de citer la nuée innombrable de saints qui ont trouvé dans le Rosaire une authentique voie de sanctification. Il suffira de rappeler saint Louis Marie Grignion de Montfort, auteur d'une œuvre précieuse sur le Rosaire[12], et plus près de nous, Padre Pio de Pietrelcina, qui j'ai eu récemment la joie de canoniser. Le bienheureux Bartolo Longo eut un charisme spécial, celui de véritable apôtre du Rosaire. Son chemin de sainteté s'appuie sur une inspiration entendue au plus profond de son cœur: «Qui propage le Rosaire est sauvé[13]!» À partir de là, il s'est senti appelé à construire à Pompéi un sanctuaire dédié à la Vierge du Saint Rosaire près des ruines de l'antique cité tout juste pénétrée par l'annonce évangélique avant d'être ensevelie en 79 par l'éruption du Vésuve et de renaître de ses cendres des siècles plus tard, comme témoignage des lumières et des ombres de la civilisation classique.

Par son œuvre entière, en particulier par les «Quinze Samedis», Bartolo Longo développa l'âme christologique et contemplative du Rosaire; il trouva pour cela un encouragement particulier et un soutien chez Léon XIII, le «Pape du Rosaire».

Chapitre 1

CONTEMPLER LE CHRIST AVEC MARIE

Un visage resplendissant comme le soleil

9. «Et il fut transfiguré devant eux: son visage devint brillant comme le soleil.» (*Mt* 17, 2) L'épisode évangélique de la transfiguration du Christ, dans lequel les trois Apôtres Pierre, Jacques et Jean apparaissent comme ravis par la beauté du Rédempteur, peut être considéré comme *icône de la contemplation chrétienne.* Fixer les yeux sur le visage du Christ, en reconnaître le mystère dans le chemin ordinaire et douloureux de son humanité, jusqu'à en percevoir la splendeur divine définitivement manifestée dans le Ressuscité glorifié à la droite du Père, tel est le devoir de tout disciple du Christ; c'est donc aussi notre devoir. En contemplant ce visage, nous nous préparons à accueillir le mystère de la vie trinitaire, pour faire l'expérience toujours nouvelle de l'amour du Père et pour jouir de la joie de l'Esprit Saint. Se réalise ainsi pour nous la parole de saint Paul: «Nous reflétons tous la gloire du Seigneur, et nous sommes transfigurés en son image, avec une gloire de plus en plus grande, par l'action du Seigneur qui est Esprit.» (*2 Co* 3, 18)

Marie modèle de contemplation

10. La contemplation du Christ trouve en Marie son *modèle indépassable.* Le visage du Fils lui appartient à un titre spécial. C'est dans son sein qu'il s'est formé, prenant aussi d'elle une ressemblance humaine qui évoque une intimité spirituelle assurément encore plus grande. Personne ne s'est adonné à la contemplation du visage du Christ avec autant d'assiduité que Marie. Déjà à l'Annonciation, lorsqu'elle conçoit du Saint-Esprit, les yeux de son cœur se concentrent en quelque sorte sur Lui; au cours des mois qui suivent, elle commence à ressentir sa présence et à en pressentir la physionomie. Lorsque enfin elle lui donne naissance à Bethléem, ses yeux de chair se portent aussi tendrement sur le visage de son Fils tandis qu'elle l'enveloppe de langes et le couche dans une crèche (cf. *Lc* 2, 7).

À partir de ce moment-là, son regard, toujours riche d'un étonnement d'adoration, ne se détachera plus de Lui. Ce sera parfois *un regard interrogatif*, comme dans l'épisode de sa perte au temple: «Mon enfant, pourquoi nous as-tu fait cela?» (*Lc* 2, 48); ce sera dans tous les cas *un regard pénétrant*, capable de lire dans l'intimité de Jésus, jusqu'à en percevoir les sentiments cachés et à en deviner les choix, comme à Cana (cf. *Jn* 2, 5); en d'autres occasions, ce sera *un regard douloureux*, surtout au pied de la croix, où il s'agira encore, d'une certaine manière, du regard d'une «femme qui accouche», puisque Marie ne se limitera pas à partager la passion et la mort du Fils unique, mais qu'elle accueillera dans le disciple bien-aimé un nouveau fils qui lui sera confié (cf. *Jn* 19, 26-27); au matin de Pâques, ce sera *un regard radieux* en raison de la joie de la résurrection et, enfin, *un regard ardent* lié à l'effusion de l'Esprit au jour de la Pentecôte (cf. *Ac* 1, 14).

Les souvenirs de Marie

11. Marie vit en gardant les yeux fixés sur le Christ, et chacune de ses paroles devient pour elle un trésor: «Elle retenait tous ces événements et les méditait dans son cœur.» (*Lc* 2, 19; cf. 2, 51) Les souvenirs de Jésus, imprimés dans son esprit, l'ont accompagnée en toute circonstance, l'amenant à parcourir à nouveau, en pensée, les différents moments de sa vie aux côtés de son Fils. Ce sont ces souvenirs qui, en un sens, ont constitué le «rosaire» qu'elle a constamment récité au long des jours de sa vie terrestre.

Et maintenant encore, parmi les chants de joie de la Jérusalem céleste, les motifs de son action de grâce et de sa louange demeurent inchangés. Ce sont eux qui inspirent son attention maternelle envers l'Église en pèlerinage, dans laquelle elle continue à développer la trame de son «récit» d'évangélisatrice. *Marie propose sans cesse aux croyants les «mystères» de son Fils*, avec le désir qu'ils soient contemplés, afin qu'ils puissent libérer toute leur force salvifique. Lorsqu'elle récite le Rosaire, la communauté chrétienne se met en syntonie avec le souvenir et avec le regard de Marie.

Le Rosaire, prière contemplative

12. C'est précisément à partir de l'expérience de Marie que le Rosaire est *une prière nettement contem-*

plative. Privé de cette dimension, il en serait dénaturé, comme le soulignait Paul VI: «Sans la contemplation, le Rosaire est un corps sans âme, et sa récitation court le danger de devenir une répétition mécanique de formules et d'agir à l'encontre de l'avertissement de Jésus: «Quand vous priez, ne rabâchez pas comme les païens; ils s'imaginent qu'en parlant beaucoup, ils se feront mieux écouter.» (*Mt* 6, 7) Par nature, la récitation du Rosaire exige que le rythme soit calme et que l'on prenne son temps, afin que la personne qui s'y livre puisse mieux méditer les mystères de la vie du Seigneur, vus à travers le cœur de Celle qui fut la plus proche du Seigneur, et qu'ainsi s'en dégagent les insondables richesses[14].»

Il convient de nous arrêter sur la pensée profonde de Paul IV, pour faire apparaître certaines dimensions du Rosaire qui en définissent mieux le caractère propre de contemplation christologique.

Se souvenir du Christ avec Marie

13. La contemplation de Marie est avant tout *le fait de se souvenir.* Il faut cependant entendre ces paroles dans le sens biblique de la mémoire (*zakar*), qui rend présentes les œuvres accomplies par Dieu dans l'histoire du salut. La Bible est le récit d'événements salvifiques, qui trouvent leur sommet dans le Christ lui-même. Ces événements ne sont pas seulement un «hier»; *ils sont aussi l'aujourd'hui du salut.* Cette actualisation se réalise en particulier dans la liturgie: ce que Dieu a accompli il y a des siècles ne concerne pas seulement les témoins directs des événements, mais rejoint par son don de grâce l'homme de tous les

temps. Cela vaut aussi d'une certaine manière pour toute autre approche de dévotion concernant ces événements: «en faire mémoire» dans une attitude de foi et d'amour signifie s'ouvrir à la grâce que le Christ nous a obtenue par ses mystères de vie, de mort et de résurrection.

C'est pourquoi, tandis qu'il faut rappeler avec le Concile Vatican II que la liturgie, qui constitue la réalisation de la charge sacerdotale du Christ et le culte public, est «le sommet vers lequel tend l'action de l'Église et en même temps la source d'où découle toute sa force[15]», il convient aussi de rappeler que la vie spirituelle «n'est pas enfermée dans les limites de la participation à la seule sainte Liturgie. Le chrétien, appelé à prier en commun, doit néanmoins aussi entrer dans sa chambre pour prier son Père dans le secret (cf. *Mt* 6, 6) et doit même, selon l'enseignement de l'Apôtre, prier sans relâche (cf. *1 Th* 5, 17)[16].» Avec sa spécificité, le Rosaire se situe dans ce panorama multicolore de la prière «incessante» et, si la liturgie, action du Christ et de l'Église, est *l'action salvifique par excellence*, le Rosaire, en tant que méditation sur le Christ avec Marie, est *une contemplation salutaire.* Nous plonger en effet, de mystère en mystère, dans la vie du Rédempteur, fait en sorte que ce que le Christ a réalisé et ce que la liturgie actualise soient profondément assimilés et modèlent notre existence.

Par Marie, apprendre le Christ

14. Le Christ est le Maître par excellence, le révélateur et la révélation. Il ne s'agit pas seulement d'ap-

prendre ce qu'il nous a enseigné, mais «*d'apprendre à le connaître Lui*». Et quel maître, en ce domaine, serait plus expert que Marie? S'il est vrai que, du point de vue divin, l'Esprit est le Maître intérieur qui nous conduit à la vérité tout entière sur le Christ (cf *Jn* 14, 26; 15, 26; 16, 13), parmi les êtres humains, personne mieux qu'elle ne connaît le Christ; nul autre que sa Mère ne peut nous faire entrer dans une profonde connaissance de son mystère.

Le premier des «signes» accomplis par Jésus — la transformation de l'eau en vin aux noces de Cana — nous montre justement Marie en sa qualité de maître, alors qu'elle invite les servants à suivre les instructions du Christ (cf. *Jn* 2, 5). Et nous pouvons penser qu'elle a rempli cette fonction auprès des disciples après l'Ascension de Jésus, quand elle demeura avec eux dans l'attente de l'Esprit Saint et qu'elle leur apporta le réconfort dans leur première mission. Cheminer avec Marie à travers les scènes du Rosaire, c'est comme se mettre à «l'école» de Marie pour lire le Christ, pour en pénétrer les secrets, pour en comprendre le message.

L'école de Marie est une école tout particulièrement efficace si l'on considère que Marie l'accomplit en nous obtenant l'abondance des dons de l'Esprit Saint, en nous offrant aussi l'exemple du «pèlerinage dans la foi[17]» dont elle est un maître incomparable. Face à chaque mystère de son Fils, elle nous invite, comme elle le fit à l'Annonciation, à poser humblement les questions qui ouvrent sur la lumière, pour finir toujours par l'obéissance de la foi: «Je suis la servante du Seigneur; que tout se passe pour moi selon ta parole!» (*Lc* 1, 38)

Se conformer au Christ avec Marie

15. La spiritualité chrétienne a pour caractéristique fondamentale l'engagement du disciple à «se conformer» toujours plus pleinement à son Maître (cf. *Rm* 8, 29; *Ph* 3, 10.21). Par l'effusion de l'Esprit reçu au Baptême, le croyant est greffé, comme un sarment, sur la vigne qu'est le Christ (cf. *Jn* 15, 5), il est constitué membre de son Corps mystique (cf. *1 Co* 12, 12; *Rm* 12, 5). Mais à cette unité initiale doit correspondre un cheminement de ressemblance croissante avec lui qui oriente toujours plus le comportement du disciple dans le sens de la «logique» du Christ: «Ayez entre vous les dispositions que l'on doit avoir dans le Christ Jésus.» (*Ph* 2, 5) Selon les paroles de l'Apôtre, il faut «se revêtir du Seigneur Jésus Christ» (cf. *Rm* 13, 14; *Ga* 3, 27).

Dans le parcours spirituel du Rosaire, fondé sur la contemplation incessante — en compagnie de Marie — du visage du Christ, on est appelé à poursuivre un tel idéal exigeant de se conformer à Lui grâce à une fréquentation que nous pourrions dire «amicale». Elle nous fait entrer de manière naturelle dans la vie du Christ et pour ainsi dire «respirer» ses sentiments. Le bienheureux Bartolo Longo dit à ce propos: «De même que deux amis qui se retrouvent souvent ensemble finissent par se ressembler même dans la manière de vivre, de même, nous aussi, en parlant familièrement avec Jésus et avec la Vierge, par la méditation des Mystères du Rosaire, et en formant ensemble une même vie par la Communion, nous pouvons devenir, autant que notre bassesse le permet, semblables à eux et apprendre par leurs exemples sublimes à vivre de manière humble, pauvre, cachée, patiente et parfaite[18].»

Grâce à ce processus de configuration au Christ, par le Rosaire, nous nous confions tout particulièrement à l'action maternelle de la Vierge Sainte. Tout en faisant partie de l'Église comme membre qui «tient la place la plus élevée et en même temps la plus proche de nous[19]», elle, qui est la mère du Christ, est en même temps la «Mère de l'Église». Et comme telle, elle «engendre» continuellement des fils pour le Corps mystique de son Fils. Elle le fait par son intercession, en implorant pour eux l'effusion inépuisable de l'Esprit. Elle est *l'icône parfaite de la maternité de l'Église.*

Mystiquement, le Rosaire nous transporte auprès de Marie, dans la maison de Nazareth, où elle est occupée à accompagner la croissance humaine du Christ. Par ce biais, elle peut nous éduquer et nous modeler avec la même sollicitude, jusqu'à ce que le Christ soit «formé» pleinement en nous (cf. *Ga* 4, 19). Cette action de Marie, totalement enracinée dans celle du Christ et dans une radicale subordination à elle, «n'empêche en aucune manière l'union immédiate des croyants avec le Christ, au contraire elle la favorise[20]». Tel est le lumineux principe exprimé par le Concile Vatican II, dont j'ai si fortement fait l'expérience dans ma vie, au point d'en faire le noyau de ma devise épiscopale *Totus tuus*[21]. Comme on le sait, il s'agit d'une devise inspirée par la doctrine de saint Louis Marie Grignion de Montfort, qui expliquait ainsi le rôle de Marie pour chacun de nous dans le processus de configuration au Christ: «*Toute notre perfection consistant à être conformes, unis et consacrés à Jésus*

Christ, la plus parfaite de toutes les dévotions est sans difficulté celle qui nous conforme, unit et consacre le plus parfaitement à Jésus Christ. Or, Marie étant de toutes les créatures la plus conforme à Jésus Christ, il s'ensuit que, de toutes les dévotions, celle qui consacre et conforme le plus une âme à Notre Seigneur est la dévotion à la Très Sainte Vierge, sa sainte Mère, et que plus une âme sera consacrée à Marie, plus elle le sera à Jésus Christ[22].» Jamais comme dans le Rosaire, le chemin du Christ et celui de Marie n'apparaissent aussi étroitement unis. Marie ne vit que dans le Christ et en fonction du Christ!

Supplier le Christ avec Marie

16. Le Christ nous a invités à nous tourner vers Dieu avec confiance et persévérance pour être exaucés: «Demandez et l'on vous donnera; cherchez et vous trouverez; frappez et l'on vous ouvrira.» (*Mt* 7, 7) Le fondement de cette efficacité de la prière, c'est la bonté du Père, mais aussi la médiation du Christ lui-même auprès de Lui (cf. *1 Jn* 2, 1) et l'action de l'Esprit Saint, qui «intercède pour nous» selon le dessein de Dieu (cf. *Rm* 8, 26-27). Car nous-mêmes, «nous ne savons pas prier comme il faut» (*Rm* 8, 26) et parfois nous ne sommes pas exaucés parce que «nous prions mal» (cf. *Jc* 4, 2-3).

Par son intercession maternelle, Marie intervient pour soutenir la prière que le Christ et l'Esprit font jaillir de notre cœur. «La prière de l'Église est comme portée par la prière de Marie[23].» En effet, si Jésus, l'unique Médiateur, est la Voie de notre prière, Marie, qui est pure transparence du Christ, nous montre la voie, et «c'est à partir de cette coopération singulière de Marie à l'action de l'Esprit Saint que les Églises ont développé la prière à la sainte Mère de Dieu, en la centrant sur la Personne du Christ manifestée dans ses mystères[24]». Aux noces de Cana, l'Évangile montre précisément l'efficacité de l'intercession de Marie qui se fait auprès de Jésus le porte-parole des besoins de l'humanité: «Ils n'ont plus dc vin.» (*Jn* 2,3)

Le Rosaire est à la fois méditation et supplication. L'imploration insistante de la Mère de Dieu s'appuie sur la certitude confiante que son intercession maternelle est toute-puissante sur le cœur de son Fils. Elle est «toute-puissante par grâce», comme disait, dans une formule dont il faut bien comprendre l'audace, le bienheureux Bartolo Longo dans la *Supplique à la Reine du Rosaire*[25]. C'est une certitude qui, partant de l'Évangile, n'a cessé de se renforcer à travers l'expérience du peuple chrétien. Le grand poète Dante s'en fait magnifiquement l'interprète quand il chante, en suivant saint Bernard: «Dame, tu es si grande et de valeur si haute / que qui veut une grâce et à toi ne vient pas / il veut que son désir vole sans ailes[26].» Dans le Rosaire, tandis que nous la supplions, Marie, Sanctuaire de l'Esprit Saint (cf. *Lc* 1, 35), se tient pour nous devant le Père, qui l'a comblée de grâce, et devant le Fils, qu'elle a mis au monde, priant avec nous et pour nous.

Annoncer le Christ avec Marie

17. Le Rosaire est aussi *un parcours d'annonce et d'approfondissement*, au long duquel le mystère du Christ est constamment représenté aux divers niveaux

de l'expérience chrétienne. Il s'agit d'une présentation orante et contemplative, qui vise à façonner le disciple selon le cœur du Christ. Si, dans la récitation du Rosaire, tous les éléments permettant une bonne méditation sont en effet mis en valeur de manière appropriée, il y a la possibilité, spécialement dans la célébration communautaire en paroisse ou dans les sanctuaires, d'une *catéchèse significative* que les Pasteurs doivent savoir exploiter. De cette manière aussi, la Vierge du Rosaire continue son œuvre d'annonce du Christ. L'histoire du Rosaire montre comment cette prière a été utilisée, spécialement par les Dominicains, dans un moment difficile pour l'Église à cause de la diffusion de l'hérésie. Aujourd'hui, nous nous trouvons face à de nouveaux défis. Pourquoi ne pas reprendre en main le chapelet avec la même foi que nos prédécesseurs? Le Rosaire conserve toute sa force et reste un moyen indispensable dans le bagage pastoral de tout bon évangélisateur.

Chapitre 2

MYSTÈRE DU CHRIST, MYSTÈRE DE SA MÈRE

Le Rosaire, «résumé de l'Évangile»

18. Pour être introduit dans la contemplation du visage du Christ, il faut écouter, dans l'Esprit, la voix du Père, car «nul ne connaît le Fils si ce n'est le Père» (*Mt* 11, 27). Près de Césarée de Philippe, à l'occasion de la profession de foi de Pierre, Jésus précisera l'origine de cette intuition si lumineuse concernant son identité: «Ce n'est pas la chair et le sang qui t'ont révélé cela, mais mon Père qui est aux cieux.» (*Mt* 16, 17) La révélation d'en haut est donc nécessaire. Mais pour l'accueillir, il est indispensable de se mettre à l'écoute: «Seule *l'expérience du silence et de la prière* offre le cadre approprié dans lequel la connaissance la plus vraie, la plus fidèle et la plus cohérente de ce mystère peut mûrir et se développer[27].»

Le Rosaire est l'un des parcours traditionnels de la prière chrétienne qui s'attache à la contemplation du visage du Christ. Le Pape Paul VI le décrivait ainsi: «Prière évangélique centrée sur le mystère de l'Incarnation rédemptrice, *le Rosaire* a donc une orientation nettement christologique. En effet, son élément le plus caractéristique — la répétition litanique de l'*Ave Ma-*

ria — devient lui aussi une louange incessante du Christ, objet ultime de l'annonce de l'Ange et de la salutation de la mère du Baptiste: "Le fruit de tes entrailles est béni." (*Lc* 1, 42) Nous dirons même plus: la répétition de l'*Ave Maria* constitue la trame sur laquelle se développe la contemplation des mystères: le Jésus de chaque *Ave Maria* est celui même que la succession des mystères nous propose tour à tour Fils de Dieu et de la Vierge[28].»

Une intégration appropriée

19. Parmi tous les mystères de la vie du Christ, le Rosaire, tel qu'il s'est forgé dans la pratique la plus courante approuvée par l'autorité ecclésiale, n'en retient que quelques-uns. Ce choix s'est imposé à cause de la trame originaire de cette prière, qui s'organisa à partir du nombre 150, correspondant à celui des Psaumes.

Afin de donner une consistance nettement plus christologique au Rosaire, il me semble toutefois qu'un ajout serait opportun; tout en le laissant à la libre appréciation des personnes et des communautés, cela pourrait permettre de prendre en compte également *les mystères de la vie publique du Christ* entre le Baptême et la Passion. Car c'est dans l'espace de ces mystères que nous contemplons des aspects importants de la personne du Christ en tant que révélateur définitif de Dieu. Proclamé Fils bien-aimé du Père lors du Baptême dans le Jourdain, il est Celui qui annonce la venue du Royaume, en témoigne par ses œuvres, en proclame les exigences. C'est tout au long des années de sa vie publique que *le mystère du Christ se révèle à un titre spécial comme mystère de lumière:* «Tant que je suis dans le monde, je suis la lumière du monde.» (*Jn* 9, 5)

Pour que l'on puisse dire de manière complète que le Rosaire est un «*résumé* de l'Évangile», il convient donc que, après avoir rappelé l'incarnation et la vie cachée du Christ (*mystères joyeux*), et avant de s'arrêter sur les souffrances de la passion (*mystères douloureux*), puis sur le triomphe de la résurrection (*mystères glorieux*), la méditation se tourne aussi vers quelques moments particulièrement significatifs de la vie publique (*mystères lumineux*). Cet ajout de nouveaux mystères, sans léser aucun aspect essentiel de l'assise traditionnelle de cette prière, a pour but de la placer dans la spiritualité chrétienne, avec une attention renouvelée, comme une authentique introduction aux profondeurs du Cœur du Christ, abîme de joie et de lumière, de douleur et de gloire.

Mystères joyeux

20. Le premier cycle, celui des «mystères joyeux», est effectivement caractérisé par *la joie qui rayonne de l'événement de l'Incarnation*. Cela est évident dès l'Annonciation où le salut de l'Ange Gabriel à la Vierge de Nazareth rappelle l'invitation à la joie messianique: «Réjouis-toi, Marie.» Toute l'histoire du salut, bien plus en un sens, l'histoire même du monde, aboutit à cette annonce. En effet, si le dessein du Père est de récapituler toutes choses dans le Christ (cf. *Ep* 1, 10), c'est l'univers entier qui, d'une certaine manière, est touché par la faveur divine avec laquelle le Père se penche sur Marie pour qu'elle devienne la

Mère de son Fils. À son tour, toute l'humanité se trouve comme contenue dans le *fiat* par lequel elle correspond avec promptitude à la volonté de Dieu.

C'est une note d'exultation qui marque la scène de la rencontre avec Élisabeth, où la voix de Marie et la présence du Christ en son sein font que Jean «tressaille d'allégresse» (cf. *Lc* 1, 44). Une atmosphère de liesse baigne la scène de Bethléem, où la naissance de l'Enfant divin, le Sauveur du monde, est chantée par les anges et annoncée aux bergers justement comme «une grande joie» (*Lc* 2, 10).

Mais les deux derniers mystères, qui conservent toutefois cette note de joie, *anticipent les signes du drame*. En effet, la présentation au temple, tout en exprimant la joie de la consécration et en plongeant le vieillard Syméon dans l'extase, souligne aussi la prophétie du «signe en butte à la contradiction» que sera l'Enfant pour Israël et de l'épée qui transpercera l'âme de sa Mère (cf. *Lc* 2, 34-35). L'épisode de Jésus au temple, lorsqu'il eut douze ans, est lui aussi tout à la fois joyeux et dramatique. Il se dévoile là dans sa divine sagesse tandis qu'il écoute et interroge; et il se présente essentiellement comme celui qui «enseigne». La révélation de son mystère de Fils tout entier consacré aux choses du Père est une annonce de la radicalité évangélique qui remet en cause les liens même les plus chers à l'homme face aux exigences absolues du Royaume. Joseph et Marie eux-mêmes, émus et angoissés, «ne comprirent pas» ses paroles (*Lc* 2, 50).

Méditer les mystères «joyeux» veut donc dire entrer dans les motivations ultimes et dans la signification profonde de la joie chrétienne. Cela revient à fixer les yeux sur la dimension concrète du mystère de l'Incarnation et sur une annonce encore obscure et voilée du mystère de la souffrance salvifique. Marie nous conduit à la connaissance du secret de la joie chrétienne, en nous rappelant que le christianisme est avant tout *euangelion*, «bonne nouvelle», dont le centre, plus encore le contenu lui-même, réside dans la personne du Christ, le Verbe fait chair, l'unique Sauveur du monde.

Mystères lumineux

21. Passant de l'enfance de Jésus et de la vie à Nazareth à sa vie publique, nous sommes amenés à contempler ces mystères que l'on peut appeler, à un titre spécial, «mystères de lumière». En réalité, *c'est tout le mystère du Christ qui est lumière*. Il est la «lumière du monde» (*Jn* 8, 12). Mais cette dimension est particulièrement visible *durant les années de sa vie publique*, lorsqu'il annonce l'Évangile du Royaume. Si l'on veut indiquer à la communauté chrétienne cinq moments significatifs — mystères «lumineux» — de cette période de la vie du Christ, il me semble que l'on peut les mettre ainsi en évidence: 1. au moment de son Baptême au Jourdain, 2. dans son autorévélation aux noces de Cana, 3. dans l'annonce du Royaume de Dieu avec l'invitation à la conversion, 4. dans sa Transfiguration et enfin 5. dans l'institution de l'Eucharistie, expression sacramentelle du mystère pascal.

Chacun de ces mystères est *une révélation du Royaume désormais présent dans la personne de Jésus*.

Le Baptême au Jourdain est avant tout un mystère de lumière. En ce lieu, alors que le Christ descend dans les eaux du fleuve comme l'innocent qui se fait «péché» pour nous (cf. 2 *Co* 5, 21), les cieux s'ouvrent, la voix du Père le proclame son Fils bien-aimé (cf. *Mt* 3, 17 par), tandis que l'Esprit descend sur Lui pour l'investir de la mission qui l'attend. Le début des signes à Cana est un mystère de lumière (cf. *Jn* 2, 1-12), au moment où le Christ, changeant l'eau en vin, ouvre le cœur des disciples à la foi grâce à l'intervention de Marie, la première des croyantes. C'est aussi un mystère de lumière que la prédication par laquelle Jésus annonce l'avènement du Royaume de Dieu et invite à la conversion (cf. *Mc* 1, 15), remettant les péchés de ceux qui s'approchent de Lui avec une foi humble (cf. *Mc* 2, 3-13; *Lc* 7, 47-48); ce ministère de miséricorde qu'il a commencé, il le poursuivra jusqu'à la fin des temps, principalement à travers le sacrement de la Réconciliation, confié à son Église (cf. *Jn* 20, 22-23). La Transfiguration est le mystère de lumière par excellence. Selon la tradition, elle survint sur le Mont Thabor. La gloire de la divinité resplendit sur le visage du Christ, tandis que, aux Apôtres en extase, le Père le donne à reconnaître pour qu'ils «l'écoutent» (cf. *Lc* 9, 35 par.) et qu'ils se préparent à vivre avec Lui le moment douloureux de la Passion, afin de parvenir avec Lui à la joie de la Résurrection et à une vie transfigurée par l'Esprit Saint. Enfin, c'est un mystère de lumière que l'institution de l'Eucharistie dans laquelle le Christ se fait nourriture par son Corps et par son Sang sous les signes du pain et du vin, donnant «jusqu'au bout» le témoignage de son amour pour l'humanité (*Jn* 13, 1), pour le salut de laquelle il s'offrira en sacrifice.

Dans ces mystères, à l'exception de Cana, *Marie n'est présente qu'en arrière-fond.* Les Évangiles ne font que quelques brèves allusions à sa présence occasionnelle à un moment ou à un autre de la prédication de Jésus (cf. *Mc* 3, 31-35; *Jn* 2, 12), et ils ne disent rien à propos de son éventuelle présence au Cénacle au moment de l'institution de l'Eucharistie. Mais la fonction qu'elle remplit à Cana accompagne, d'une certaine manière, tout le parcours du Christ. La révélation qui, au moment du Baptême au Jourdain, est donnée directement par le Père et dont le Baptiste se fait l'écho, est sur ses lèvres à Cana et devient la grande recommandation que la Mère adresse à l'Église de tous les temps: «Faites tout ce qu'il vous dira.» (*Jn* 2, 5) C'est une recommandation qui nous fait entrer dans les paroles et dans les signes du Christ durant sa vie publique, constituant le fond marial de tous les «mystères de lumière».

Mystères douloureux

22. Les Évangiles donnent une grande importance aux mystères douloureux du Christ. Depuis toujours, la piété chrétienne, spécialement pendant le Carême à travers la pratique du chemin de Croix, s'est arrêtée sur chaque moment de la Passion, comprenant que là se trouve le *point culminant de la révélation de l'amour* et que là aussi se trouve la source de notre salut. Le Rosaire choisit certains moments de la Passion, incitant la personne qui prie à les fixer avec le regard du cœur et à les revivre. Le parcours de la méditation s'ouvre sur Gethsémani, où le Christ vit un moment particulièrement angoissant, confronté à la

volonté du Père face à laquelle la faiblesse de la chair serait tentée de se rebeller. À ce moment-là, le Christ se tient dans le lieu de toutes les tentations de l'humanité et face à tous les péchés de l'humanité pour dire au Père: «Que ce ne soit pas ma volonté qui se fasse, mais la tienne!» (*Lc* 22, 42 par.) Son «oui» efface le «non» de nos premiers parents au jardin d'Eden. Et ce qu'il doit lui en coûter d'adhérer à la volonté du Père apparaît dans les mystères suivants, la flagellation, le couronnement d'épines, la montée au Calvaire, la mort en croix, par lesquels il est plongé dans la plus grande abjection: *Ecce homo!*

Dans cette abjection se révèle non seulement l'amour de Dieu mais le sens même de l'homme. *Ecce homo*: qui veut connaître l'homme doit savoir en reconnaître le sens, l'origine et l'accomplissement dans le Christ, Dieu qui s'abaisse par amour «jusqu'à la mort, et à la mort sur une croix» (*Ph* 2, 8). Les mystères douloureux conduisent le croyant à revivre la mort de Jésus en se mettant au pied de la croix, près de Marie, pour pénétrer avec elle dans les profondeurs de l'amour de Dieu pour l'homme et pour en sentir toute la force régénératrice.

Mystères glorieux

23. «La contemplation du visage du Christ ne peut s'arrêter à son image de crucifié. Il est le Ressuscité[29]!» Depuis toujours, le Rosaire exprime cette conscience de la foi, invitant le croyant à aller au-delà de l'obscurité de la Passion, pour fixer son regard sur la gloire du Christ dans la Résurrection et dans l'Ascension. En contemplant le Ressuscité, le

chrétien *redécouvre les raisons de sa propre foi* (cf. *1 Co* 15, 14), et il revit la joie non seulement de ceux à qui le Christ s'est manifesté — les Apôtres, Marie-Madeleine, les disciples d'Emmaüs —, mais aussi *la joie de Marie*, qui a dû faire une expérience non moins intense de la vie nouvelle de son Fils glorifié. À cette gloire qui, par l'Ascension, place le Christ à la droite du Père, elle sera elle-même associée par l'Assomption, anticipant, par un privilège très spécial, la destinée réservée à tous les justes par la résurrection de la chair. Enfin, couronnée de gloire — comme on le voit dans le dernier mystère glorieux —, elle brille comme Reine des Anges et des Saints, anticipation et sommet de la condition eschatologique de l'Église.

Dans le troisième mystère glorieux, le Rosaire place au centre de ce parcours glorieux du Fils et de sa Mère la Pentecôte, qui montre le visage de l'Église comme famille unie à Marie, ravivée par l'effusion puissante de l'Esprit et prête pour la mission évangélisatrice. La contemplation de ce mystère, comme des autres mystères glorieux, doit inciter les croyants à prendre une conscience toujours plus vive de leur existence nouvelle dans le Christ, dans la réalité de l'Église, existence dont la scène de la Pentecôte constitue la grande «icône». Les mystères glorieux nourrissent ainsi chez les croyants *l'espérance de la fin eschatologique* vers laquelle ils sont en marche comme membres du peuple de Dieu qui chemine à travers l'histoire. Ceci ne peut pas ne pas les pousser à témoigner avec courage de cette «joyeuse annonce» qui donne sens à toute leur existence.

Des mystères au Mystère: le chemin de Marie

24. Ces cycles de méditation proposés par le Saint Rosaire ne sont certes pas exhaustifs, mais ils rappellent l'essentiel, donnant à l'esprit le goût d'une connaissance du Christ qui puise continuellement à la source pure du texte évangélique. Chaque trait singulier de la vie du Christ, tel qu'il est raconté par les Évangélistes, brille de ce Mystère qui surpasse toute connaissance (cf. *Ep* 3, 19). C'est le mystère du Verbe fait chair, en qui, «dans son propre corps, habite la plénitude de la divinité» (cf. *Col* 2, 9). C'est pourquoi le *Catéchisme de l'Église catholique* insiste tant sur les mystères du Christ, rappelant que «toute la vie de Jésus est signe de son mystère[30]». Le «*duc in altum*» de l'Église dans le troisième millénaire se mesure à la capacité des chrétiens de «pénétrer le mystère de Dieu, dans lequel se trouvent, cachés, tous les trésors de la sagesse et de la connaissance» (*Col* 2, 2-3). C'est à chaque baptisé que s'adresse le souhait ardent de la lettre aux Éphésiens: «Que le Christ habite en vos cœurs par la foi; restez enracinés dans l'amour, établis dans l'amour. Ainsi [...] vous connaîtrez l'amour du Christ qui surpasse toute connaissance. Alors vous serez comblés jusqu'à entrer dans la plénitude de Dieu.» (3, 17-19)

Le Rosaire se met au service de cet idéal, livrant le «secret» qui permet de s'ouvrir plus facilement à une connaissance du Christ qui est profonde et qui engage. Nous pourrions l'appeler *le chemin de Marie.* C'est le chemin de l'exemple de la Vierge de Nazareth, femme de foi, de silence et d'écoute. C'est en même temps le chemin d'une dévotion mariale, animée de la conscience du rapport indissoluble qui lie le Christ à sa très sainte Mère: *les mystères du Christ* sont aussi, dans un sens, *les mystères de sa Mère*, même quand elle n'y est pas directement impliquée, par le fait même qu'elle vit de Lui et par Lui. Faisant nôtres dans l'*Ave Maria* les paroles de l'Ange Gabriel et de sainte Élisabeth, nous nous sentons toujours poussés à chercher d'une manière nouvelle en Marie, entre ses bras et dans son cœur, le «fruit béni de ses entrailles» (cf. *Lc* 1, 42).

Mystère du Christ, «mystère» de l'homme

25. Dans mon témoignage de 1978, évoqué ci-dessus, sur le Rosaire, ma prière préférée, j'exprimais une idée sur laquelle je voudrais revenir. Je disais alors que «la prière toute simple du Rosaire s'écoule au rythme de la vie humaine[31]».

À la lumière des réflexions faites jusqu'ici sur les mystères du Christ, il n'est pas difficile d'approfondir *l'implication anthropologique* du Rosaire, une implication plus radicale qu'il n'y paraît à première vue. Celui qui se met à contempler le Christ en faisant mémoire des étapes de sa vie ne peut pas ne pas découvrir aussi en Lui la vérité sur l'homme. C'est la grande affirmation du Concile Vatican II, dont j'ai si souvent fait l'objet de mon magistère, depuis l'encyclique *Redemptor hominis*: «En réalité, le mystère de l'homme ne s'éclaire vraiment que dans le mystère du Verbe incarné[32].» Le Rosaire aide à s'ouvrir à cette lumière. En suivant le chemin du Christ, en qui le chemin de l'homme est «récapitulé[33]», dévoilé et racheté, le croyant se place face à l'image de l'homme véritable. En contemplant sa naissance, il découvre le caractère sacré de la vie; en regardant la maison de Nazareth, il apprend la vérité fondatrice de la famille selon le dessein de Dieu; en écoutant le Maître dans les mystères de sa vie publique, il atteint la lumière qui permet d'entrer dans le Royaume de Dieu et, en le suivant sur le chemin du Calvaire, il apprend le sens de la souffrance salvifique. Enfin, en contemplant le Christ et sa Mère dans la gloire, il voit le but auquel chacun de nous est appelé, à condition de se laisser guérir et transfigurer par l'Esprit Saint.

On peut dire ainsi que chaque mystère du Rosaire, bien médité, éclaire le mystère de l'homme.

En même temps, il devient naturel d'apporter à cette rencontre avec la sainte humanité du Rédempteur les nombreux problèmes, préoccupations, labeurs et projets qui marquent notre vie. «Décharge ton fardeau sur le Seigneur: il prendra soin de toi.» (*Ps* 55 [54], 23) Méditer le Rosaire consiste à confier nos fardeaux aux cœurs miséricordieux du Christ et de sa Mère. À vingt-cinq ans de distance, repensant aux épreuves qui ne m'ont pas manqué même dans l'exercice de mon ministère pétrinien, j'éprouve le besoin de redire, à la manière d'une chaleureuse invitation adressée à tous pour qu'ils en fassent l'expérience personnelle: oui, vraiment le Rosaire «donne le rythme de la vie humaine», pour l'harmoniser avec le rythme de la vie divine, dans la joyeuse communion de la Sainte Trinité, destinée et aspiration ultime de notre existence.

Chapitre 3

«POUR MOI, VIVRE C'EST LE CHRIST»

Le Rosaire, chemin d'assimilation du mystère

26. La méditation des mystères du Christ est proposée dans le Rosaire avec une méthode caractéristique, capable par nature de favoriser leur assimilation. C'est une méthode *fondée sur la répétition*. Cela vaut avant tout pour l'*Ave Maria*, répété dix fois à chaque mystère. Si l'on s'en tient à cette répétition d'une manière superficielle, on pourrait être tenté de ne voir dans le Rosaire qu'une pratique aride et ennuyeuse. Au contraire, on peut considérer le chapelet tout autrement, si on le regarde comme l'expression de cet amour qui ne se lasse pas de se tourner vers la personne aimée par des effusions qui, même si elles sont toujours semblables dans leur manifestation, sont toujours neuves par le sentiment qui les anime.

Dans le Christ, Dieu a vraiment assumé un «cœur de chair». Il n'a pas seulement un cœur divin, riche en miséricorde et en pardon, mais il a aussi un cœur humain, capable de toutes les vibrations de l'affection. Si nous avions besoin d'un témoignage évangélique à ce propos, il ne serait pas difficile de le trouver dans le dialogue émouvant du Christ avec Pierre, après la

Résurrection: «Simon, fils de Jean, m'aimes-tu?» Par trois fois la question est posée, par trois fois la réponse est donnée: «Seigneur, tu sais bien que je t'aime.» (cf. *Jn* 21, 15-17) Au-delà de la signification spécifique de ce passage si important pour la mission de Pierre, la beauté de cette *triple répétition* n'échappe à personne: par elle, la demande insistante et la réponse correspondante s'expriment en des termes bien connus de l'expérience universelle de l'amour humain. Pour comprendre le Rosaire, il faut entrer dans la dynamique psychologique propre à l'amour.

Une chose est claire: si la répétition de l'*Ave Maria* s'adresse directement à Marie, en définitive, avec elle et par elle, c'est à Jésus que s'adresse l'acte d'amour. La répétition se nourrit du désir d'être toujours plus pleinement conformé au Christ, c'est là le vrai «programme» de la vie chrétienne. Saint Paul a énoncé ce programme avec des paroles pleines de feu: «Pour moi, vivre c'est le Christ, et mourir est un avantage.» (*Ph* 1, 21) Et encore: «Ce n'est plus moi qui vis, mais le Christ qui vit en moi.» (*Ga* 2, 20) Le Rosaire nous aide à grandir dans cette conformation jusqu'à parvenir à la sainteté.

Une méthode valable...

27. Que la relation au Christ puisse profiter également du soutien d'une méthode ne doit pas étonner. Dieu se communique à l'homme en respectant la façon d'être de notre nature et ses rythmes vitaux. C'est pourquoi la spiritualité chrétienne, tout en connaissant les formes les plus sublimes du silence mystique dans lequel toutes les images, toutes les paroles et tous les

gestes sont comme dépassés par l'intensité d'une union ineffable de l'homme avec Dieu, est normalement marquée par l'engagement total de la personne, dans sa complexe réalité psychologique, physique et relationnelle.

Ceci apparaît de façon évidente *dans la liturgie.* Les sacrements et les sacramentaux sont structurés par une série de rites qui font appel aux diverses dimensions de la personne. La prière non liturgique exprime également la même exigence. Cela est corroboré par le fait qu'en Orient la prière la plus caractéristique de la méditation christologique, celle qui est centrée sur les paroles: «Jésus, Christ, Fils de Dieu, Seigneur, aie pitié de moi pécheur[34]», est traditionnellement liée au rythme de la respiration qui, tout en favorisant la persévérance dans l'invocation, assure presque une densité physique au désir que le Christ devienne la respiration, l'âme et le «tout» de la vie.

... qui peut toutefois être améliorée

28. Dans la Lettre apostolique *Novo millennio ineunte*, j'ai rappelé qu'il y a également aujourd'hui en Occident *une exigence renouvelée de méditation* qui trouve parfois dans les autres religions des modalités plus attractives[35]. Il existe des chrétiens qui, parce qu'ils connaissent peu la tradition contemplative chrétienne, se laissent séduire par ces propositions. Néanmoins, même si elles ont des éléments positifs et parfois compatibles avec l'expérience chrétienne, elles cachent souvent un soubassement idéologique inacceptable. Même dans ces expériences, on note une méthodologie très en vogue qui, pour parvenir à une haute

concentration spirituelle, se prévaut de techniques répétitives et symboliques, à caractère psychologique et physique. Le Rosaire se situe dans le cadre universel de la phénoménologie religieuse, mais il se définit par des caractéristiques propres qui répondent aux exigences typiques de la spécificité chrétienne.

En effet, ce n'est pas seulement *une méthode de contemplation*. En tant que méthode, le chapelet doit être utilisé en relation avec sa finalité propre et il ne peut pas devenir une fin en soi. Cependant, parce qu'elle est le fruit d'une expérience séculaire, la méthode elle-même ne doit pas être sous-estimée. L'expérience d'innombrables saints milite en sa faveur, ce qui n'empêche pas cependant qu'elle puisse être améliorée. C'est précisément à cette fin que vise l'intégration, dans le cycle des mystères, de la nouvelle série de *mysteria lucis*, ainsi que de certaines suggestions relatives à la récitation du Rosaire que propose la présente Lettre. Par ces mystères, tout en respectant la structure largement établie de cette prière, je voudrais aider les fidèles à la comprendre dans ses aspects symboliques, en harmonie avec les exigences de la vie quotidienne. Sans cela, on court le risque que non seulement le Rosaire ne produise pas les effets spirituels escomptés, mais que même le chapelet, avec lequel on a coutume de le réciter, finisse par être perçu comme une amulette ou un objet magique, en faisant un contresens radical sur son sens et sur sa fonction.

L'énonciation du mystère

29. Énoncer le mystère, et peut-être même pouvoir regarder en même temps une image qui le représente,

c'est comme camper un décor sur lequel se concentre l'attention. Les paroles guident l'imagination et l'esprit vers cet épisode déterminé ou ce moment de la vie du Christ. Dans la spiritualité qui s'est développée dans l'Église, que ce soit la vénération des icônes, les nombreuses dévotions riches d'éléments sensibles ou encore la méthode elle-même proposée par saint Ignace de Loyola dans les Exercices spirituels, toutes ont eu recours à l'élément visuel et à l'imagination (la *compositio loci*), le considérant d'une grande aide pour favoriser la concentration de l'esprit sur le mystère. Il s'agit d'ailleurs d'une méthodologie qui correspond à la *logique même de l'Incarnation:* en Jésus, Dieu a voulu prendre des traits humains. C'est à travers sa réalité corporelle que nous sommes conduits à entrer en contact avec son mystère divin.

À cette exigence concrète répond aussi l'énonciation des différents mystères du Rosaire. Ils ne remplacent certainement pas l'Évangile et ils n'en rappellent même pas toutes les pages. Le Rosaire ne remplace pas non plus la *lectio divina*, mais il la présuppose et il la promeut. Et si les mystères contemplés dans le Rosaire, y compris le complément des *mysteria lucis*, se limitent aux lignes maîtresses de la vie du Christ, grâce à eux l'esprit peut facilement embrasser le reste de l'Évangile, surtout quand le Rosaire est récité dans des moments particuliers de recueillement prolongé.

L'écoute de la Parole de Dieu

30. Pour donner un fondement biblique et une profondeur plus grande à la méditation, il est utile que l'énoncé du mystère soit suivi de la *proclamation*

d'un passage biblique correspondant qui, en fonction des circonstances, peut être plus ou moins important. Les autres paroles en effet n'atteignent jamais l'efficacité particulière de la parole inspirée. Cette dernière doit être écoutée avec la certitude qu'elle est Parole de Dieu, prononcée pour aujourd'hui et «pour moi».

Ainsi écoutée, elle entre dans la méthodologie de répétition du Rosaire, sans susciter l'ennui qui serait produit par le simple rappel d'une information déjà bien connue. Non, il ne s'agit pas de faire revenir à sa mémoire une information, mais de *laisser «parler» Dieu.* Dans certaines occasions solennelles et communautaires, cette parole peut être illustrée de manière heureuse par un bref commentaire.

Le silence

31. *L'écoute et la méditation se nourrissent du silence.* Après l'énonciation du mystère et la proclamation de la Parole, il est opportun de s'arrêter pendant un temps significatif pour fixer le regard sur le mystère médité, avant de commencer la prière vocale. La redécouverte de la valeur du silence est un des secrets de la pratique de la contemplation et de la méditation. Dans une société hautement marquée par la technologie et les médias, il reste aussi que le silence devient toujours plus difficile. De même que dans la liturgie sont recommandés des moments de silence, de même, après l'écoute de la Parole de Dieu, une brève pause est opportune dans la récitation du Rosaire, tandis que l'esprit se fixe sur le contenu d'un mystère déterminé.

Le «Notre Père»

32. Après l'écoute de la Parole et la focalisation sur le mystère, il est naturel que *l'esprit s'élève vers le Père.* En chacun de ses mystères, Jésus nous conduit toujours au Père, auquel il s'adresse continuellement, parce qu'il repose en son «sein» (cf. *Jn* 1, 18). Il veut nous introduire dans l'intimité du Père, pour que nous disions comme Lui: «*Abba*, Père» (*Rm* 8, 15; *Ga* 4, 6). C'est en rapport avec le Père qu'il fait de nous ses frères et qu'il nous fait frères les uns des autres, en nous communiquant l'Esprit qui est tout à la fois son Esprit et l'Esprit du Père.

Le «Notre Père», placé pratiquement comme au fondement de la méditation christologique et mariale qui se développe à travers la répétition de l'*Ave Maria*, fait de la méditation du mystère, même accomplie dans la solitude, une expérience ecclésiale.

Les dix «Ave Maria»

33. C'est tout à la fois l'élément le plus consistant du Rosaire et celui qui en fait une prière mariale par excellence. Mais précisément, à la lumière d'une bonne compréhension de l'*Ave Maria*, on perçoit avec clarté que le caractère marial non seulement ne s'oppose pas au caractère christologique, mais au contraire le souligne et le met en relief. En effet, la première partie de l'*Ave Maria*, tirée des paroles adressées à Marie par l'Ange Gabriel et par sainte Élisabeth, est une contemplation d'adoration du mystère qui s'accomplit dans la Vierge de Nazareth. Ces paroles expriment, pour ainsi dire, l'admiration du ciel et de la terre, et font, en un

sens, affleurer l'émerveillement de Dieu contemplant son chef d'œuvre — l'incarnation du Fils dans le sein virginal de Marie —, dans la ligne du regard joyeux de la Genèse (cf. *Gn* 1, 31), de l'originel «*pathos* avec lequel Dieu, à l'aube de la création, a regardé l'œuvre de ses mains[36]». Dans le Rosaire, le caractère répétitif de l'*Ave Marie* nous fait participer à l'enchantement de Dieu: c'est la jubilation, l'étonnement, la reconnaissance du plus grand miracle de l'histoire. Il s'agit de l'accomplissement de la prophétie de Marie: «Désormais tous les âges me diront bienheureuse.» (*Lc* 1, 48)

Le centre de gravité de l'*Ave Maria*, qui est presque comme une charnière entre la première et la seconde partie, est *le nom de Jésus*. Parfois, lors d'une récitation faite trop à la hâte, ce centre de gravité disparaît, et avec lui le lien au mystère du Christ qu'on est en train de contempler. Mais c'est justement par l'accent qu'on donne au nom de Jésus et à son mystère que l'on distingue une récitation du Rosaire significative et fructueuse. Dans l'exhortation apostolique *Marialis cultus*, Paul VI rappelait déjà l'usage pratiqué dans certaines régions de donner du relief au nom du Christ, en ajoutant une clausule évocatrice du mystère que l'on est en train de méditer[37]. C'est une pratique louable, spécialement dans la récitation publique. Elle exprime avec force la foi christologique appliquée à divers moments de la vie du Rédempteur. Il s'agit d'une *profession de foi* et, en même temps, d'une aide pour demeurer vigilant dans la méditation, qui permet de vivre la fonction d'assimilation, inhérente à la répétition de l'*Ave Maria*, en regard du mystère du Christ. Répéter le nom de Jésus — l'unique nom par lequel il nous est donné d'espérer le salut (cf. *Ac* 4, 12) —, étroitement lié à celui de sa très sainte Mère, et en la laissant presque elle-même nous le suggérer, constitue un chemin d'assimilation, qui vise à nous faire entrer toujours plus profondément dans la vie du Christ.

C'est de la relation très spécifique avec le Christ, qui fait de Marie la Mère de Dieu, la *Theotòkos*, que découle ensuite la force de la supplication avec laquelle nous nous adressons à elle dans la seconde partie de la prière, confiant notre vie et l'heure de notre mort à sa maternelle intercession.

Le «Gloria»

34. La doxologie trinitaire est le point d'arrivée de la contemplation chrétienne. Le Christ est en effet le chemin qui conduit au Père dans l'Esprit. Si nous parcourons en profondeur ce chemin, nous nous retrouvons sans cesse devant le mystère des trois Personnes divines à louer, à adorer et à remercier. Il est important que le *Gloria, sommet de la contemplation*, soit bien mis en relief dans le Rosaire. Lors de la récitation publique, il pourrait être chanté, pour mettre en évidence de manière opportune cette perspective qui structure et qualifie toute prière chrétienne.

Dans la mesure où la méditation du mystère a été attentive, profonde, ravivée — d'*Ave* en *Ave* — par l'amour pour le Christ et pour Marie, la glorification trinitaire après chaque dizaine, loin de se réduire à une rapide conclusion, acquiert une juste tonalité contemplative, comme pour élever l'esprit jusqu'au Paradis et nous faire revivre, d'une certaine manière, l'expérience du Thabor, anticipation de la contemplation future: «Il est heureux que nous soyons ici!» (*Lc* 9, 33)

L'oraison jaculatoire finale

35. Dans la pratique courante du Rosaire, la doxologie trinitaire est suivie d'une oraison jaculatoire, qui varie suivant les circonstances. Sans rien enlever à la valeur de telles invocations, il semble opportun de noter que la contemplation des mystères sera plus féconde si on prend soin de faire en sorte que chaque mystère s'achève par *une prière destinée à obtenir les fruits spécifiques de la méditation de ce mystère.* Le Rosaire pourra ainsi manifester avec une plus grande efficacité son lien avec la vie chrétienne. Cela est suggéré par une belle oraison liturgique, qui nous invite à demander de pouvoir parvenir, par la méditation des mystères du Rosaire, à «imiter ce qu'ils contiennent et à obtenir ce qu'ils promettent[38]».

Une telle prière finale pourra s'inspirer d'une légitime variété, comme cela se fait déjà. En outre, le Rosaire acquiert alors une expression plus adaptée aux différentes traditions spirituelles et aux diverses communautés chrétiennes. Dans cette perspective, il est souhaitable que se répandent, avec le discernement pastoral requis, les propositions les plus significatives, par exemple celles qui sont utilisées dans les centres et sanctuaires mariaux particulièrement attentifs à la pratique du Rosaire, si bien que le peuple de Dieu puisse bénéficier de toutes ses richesses spirituelles authentiques, en y puisant une nourriture pour sa contemplation.

Le chapelet

36. Le chapelet est l'instrument traditionnel pour la récitation du Rosaire. Une pratique par trop superficielle

conduit à le considérer souvent comme un simple instrument servant à compter la succession des *Je vous salue Marie*. Mais il veut aussi exprimer un symbolisme qui peut donner un sens nouveau la contemplation.

À ce sujet, il faut avant tout noter que *le chapelet converge vers le Crucifié*, qui ouvre ainsi et conclut le chemin même de la prière. La vie et la prière des croyants sont centrées sur le Christ. Tout part de Lui; tout tend vers Lui; et par Lui, tout, dans l'Esprit Saint, parvient au Père.

En tant qu'instrument servant à compter, qui scande la progression de la prière, le chapelet évoque le chemin incessant de la contemplation et de la perfection chrétiennes. Le bienheureux Bartolo Longo voyait aussi le chapelet comme une «chaîne» qui nous relie à Dieu. Une chaîne, certes, mais une douce chaîne; car tel est toujours la relation avec Dieu qui est Père. Une chaîne «filiale», qui nous accorde à Marie, la «servante du Seigneur» (*Lc* 1, 38) et, en définitive, au Christ lui-même qui, tout en étant Dieu, s'est fait «serviteur» par amour pour nous (*Ph* 2, 7).

Il est beau également d'étendre la signification symbolique du chapelet à nos relations réciproques; par lui nous est rappelé le lien de communion et de fraternité qui nous unit tous dans le Christ.

Début et fin

37. Dans la pratique courante, les manières d'introduire le Rosaire sont variées, selon les différents contextes ecclésiaux. Dans certaines régions, on commence habituellement par l'invocation du Psaume 69 [70]: «Dieu, viens à mon aide; Seigneur, à notre secours»,

comme pour nourrir chez la personne qui prie l'humble conscience de sa propre indigence; dans d'autres lieux, au contraire, le Rosaire débute par la récitation du *Credo*, comme pour mettre la profession de foi au point de départ du chemin de contemplation que l'on entreprend. Dans la mesure où elles disposent bien l'esprit à la contemplation, ces formes et d'autres semblables sont des usages également légitimes. La récitation se conclut par la prière aux intentions du Pape, afin d'élargir le regard de celui qui prie aux vastes horizons des nécessités ecclésiales. C'est justement pour encourager cette ouverture ecclésiale du Rosaire que l'Église a voulu l'enrichir d'indulgences à l'intention de ceux qui le récitent avec les dispositions requises.

En effet, s'il est ainsi vécu, le Rosaire devient vraiment un parcours spirituel, dans lequel Marie se fait mère, guide, maître, et elle soutient le fidèle par sa puissante intercession. Comment s'étonner du besoin ressenti par l'âme, à la fin de cette prière dans laquelle elle a fait l'expérience intime de la maternité de Marie, d'entonner une louange à la Vierge Marie, que ce soit la splendide prière du *Salve Regina* ou celle des *Litanies de Lorette*? C'est le couronnement d'un chemin intérieur, qui a conduit le fidèle à un contact vivant avec le mystère du Christ et de sa Mère très sainte.

La répartition dans le temps

38. Le Rosaire peut être récité intégralement chaque jour, et nombreux sont ceux qui le font de manière louable. Il parvient ainsi à remplir de prière les journées de nombreux contemplatifs, ou à tenir compagnie aux malades et aux personnes âgées, qui disposent de beau-

coup de temps. Mais il est évident — et ceci vaut d'autant plus si on ajoute le nouveau cycle des *mysteria lucis* — que beaucoup ne pourront en réciter qu'une partie, selon un certain ordre hebdomadaire. Cette répartition hebdomadaire finit par donner aux différentes journées de la semaine une certaine «couleur» spirituelle, comme le fait de manière analogue la liturgie avec les diverses étapes de l'année liturgique.

Selon l'usage courant, le lundi et le jeudi sont consacrés aux «mystères joyeux», le mardi et le vendredi aux «mystères douloureux», le mercredi, le samedi et le dimanche aux «mystères glorieux». Où insérer les «mystères lumineux»? Considérant que les mystères glorieux sont proposés deux jours de suite, le samedi et le dimanche, et que le samedi est traditionnellement un jour à fort caractère marial, on peut conseiller de déplacer au samedi la deuxième méditation hebdomadaire des mystères joyeux, dans lesquels la présence de Marie est davantage accentuée. Ainsi, le jeudi reste opportunément libre pour la méditation des mystères lumineux.

Cette indication n'entend pas toutefois limiter une certaine liberté dans la méditation personnelle et communautaire, en fonction des exigences spirituelles et pastorales, et surtout des fêtes liturgiques qui peuvent susciter d'heureuses adaptations. L'important est de considérer et d'expérimenter toujours davantage le Rosaire comme un itinéraire de contemplation. Par lui, en complément de ce qui se réalise dans la liturgie, la semaine du chrétien, enracinée dans le dimanche, jour de la résurrection, devient un chemin à travers les mystères de la vie du Christ, qui se manifeste dans la vie de ses disciples comme le Seigneur du temps et de l'histoire.

CONCLUSION

«Rosaire béni de Marie, douce chaîne qui nous relie à Dieu»

39. Ce qui a été dit jusqu'ici exprime amplement la richesse de cette prière traditionnelle, qui a la simplicité d'une prière populaire, mais aussi la profondeur théologique d'une prière adaptée à ceux qui perçoivent l'exigence d'une contemplation plus mûre.

L'Église a toujours reconnu à cette prière une efficacité particulière, lui confiant les causes les plus difficiles dans sa récitation communautaire et dans sa pratique constante. En des moments où la chrétienté elle-même était menacée, ce fut à la force de cette prière qu'on attribua l'éloignement du danger, et la Vierge du Rosaire fut saluée comme propitiatrice du salut.

Aujourd'hui, comme j'y ai fait allusion au début, je recommande volontiers à l'efficacité de cette prière la cause de la paix dans le monde et celle de la famille.

La paix

40. Les difficultés que la perspective mondiale fait apparaître en ce début de nouveau millénaire nous conduisent à penser que seule une intervention d'en haut,

capable d'orienter les cœurs de ceux qui vivent des situations conflictuelles et de ceux qui régissent le sort des Nations, peut faire espérer un avenir moins sombre.

Le Rosaire est *une prière orientée par nature vers la paix*, du fait même qu'elle est contemplation du Christ, Prince de la paix et «notre paix» (*Ep* 2, 14). Celui qui assimile le mystère du Christ — et le Rosaire vise précisément à cela — apprend le secret de la paix et en fait un projet de vie. En outre, en vertu de son caractère méditatif, dans la tranquille succession des *Ave Mari*a, le Rosaire exerce sur celui qui prie une action pacificatrice qui le dispose à recevoir cette paix véritable, qui est un don spécial du Ressuscité (cf. *Jn* 14, 27; 20, 21), et à en faire l'expérience au fond de son être, en vue de la répandre autour de lui.

Le Rosaire est aussi une prière de paix en raison des fruits de charité qu'il produit. S'il est bien récité comme une vraie prière méditative, le Rosaire, en favorisant la rencontre avec le Christ dans ses mystères, ne peut pas ne pas indiquer aussi le visage du Christ dans les frères, en particulier dans les plus souffrants. Comment pourrait-on fixer, dans les mystères joyeux, le mystère de l'Enfant né à Bethléem sans éprouver le désir d'accueillir, de défendre et de promouvoir la vie, en se chargeant de la souffrance des enfants de toutes les parties du monde? Comment, dans les mystères lumineux, pourrait-on suivre les pas du Christ qui révèle le Père sans s'engager à témoigner de ses «béatitudes» dans la vie de chaque jour? Et comment contempler le Christ chargé de la Croix et crucifié sans ressentir le besoin de se faire le «Cyrénéen» de tout frère brisé par la souffrance ou écrasé par le désespoir? Enfin, comment pourrait-on fixer les yeux sur la gloire du Christ ressuscité et sur Marie couronnée Reine sans éprouver le désir de rendre ce monde plus beau, plus juste et plus proche du dessein de Dieu?

En réalité, tandis qu'il nous conduit à fixer les yeux sur le Christ, le Rosaire nous rend aussi bâtisseurs de la paix dans le monde. Par sa caractéristique de supplication communautaire et insistante, pour répondre à l'invitation du Christ «à toujours prier sans se décourager» (*Lc* 18, 1), il nous permet d'espérer que, même aujourd'hui, une «bataille» aussi difficile que celle de la paix pourra être gagnée. Loin d'être une fuite des problèmes du monde, le Rosaire nous pousse à les regarder avec un œil responsable et généreux, et il nous obtient la force de les affronter avec la certitude de l'aide de Dieu et avec la ferme intention de témoigner en toutes circonstances de «l'amour, lui qui fait l'unité dans la perfection» (*Col* 3, 14).

La famille: les parents...

41. Prière pour la paix, le Rosaire est aussi, depuis toujours, la *prière de la famille et pour la famille.* Il fut un temps où cette prière était particulièrement chère aux familles chrétiennes et en favorisait certainement la communion. Il ne faut pas perdre ce précieux héritage. Il faut se remettre à prier en famille et à prier pour les familles, en utilisant encore cette forme de prière.

Si, dans la Lettre apostolique *Novo millennio ineunte,* j'ai encouragé même les laïcs à célébrer la Liturgie des Heures dans la vie ordinaire des communautés paroissiales et des divers groupes chrétiens[39], je désire faire la même chose pour le Rosaire. Il s'agit de deux voies de la contemplation chrétienne qui ne s'opposent pas, mais se complètent. Je demande donc à ceux qui se consacrent à la pastorale des familles de suggérer avec conviction la récitation du Rosaire.

La famille qui est unie dans la prière demeure unie. Par tradition ancienne, le saint Rosaire se prête tout spécialement à être une prière dans laquelle la famille se retrouve. Les membres de celle-ci, en jetant véritablement un regard sur Jésus, acquièrent aussi une nouvelle capacité de se regarder en face, pour communiquer, pour vivre la solidarité, pour se pardonner mutuellement, pour repartir avec un pacte d'amour renouvelé par l'Esprit de Dieu.

De nombreux problèmes des familles contemporaines, particulièrement dans les sociétés économiquement évoluées, dépendent du fait qu'il devient toujours plus difficile de communiquer. On ne parvient pas à rester ensemble, et les rares moments passés en commun sont absorbés par les images de la télévision. Recommencer à réciter le Rosaire en famille signifie introduire dans la vie quotidienne des images bien différentes, celles du mystère qui sauve: l'image du Rédempteur, l'image de sa Mère très sainte. La famille qui récite le Rosaire reproduit un peu le climat de la maison de Nazareth: on place Jésus au centre, on partage avec lui les joies et les souffrances, on remet entre ses mains les besoins et les projets, on reçoit de lui espérance et force pour le chemin.

... et les enfants

42. Il est beau et fécond également de confier à cette prière le *chemin de croissance des enfants.* Le Rosaire n'est-il pas l'itinéraire de la vie du Christ, de

sa conception à sa mort, jusqu'à sa résurrection et à sa glorification? Il devient aujourd'hui toujours plus ardu pour les parents de suivre leurs enfants dans les diverses étapes de leur vie. Dans notre société de technologie avancée, des médias et de la mondialisation, tout est devenu si rapide, et la distance culturelle entre les générations se fait toujours plus grande. Les messages les plus divers et les expériences les plus imprévisibles envahissent la vie des enfants et des adolescents, et pour les parents il devient parfois angoissant de faire face aux risques qu'ils courent. Il n'est pas rare qu'ils soient conduits à faire l'expérience de déceptions cuisantes, en constatant les échecs de leurs enfants face à la séduction de la drogue, aux attraits d'un hédonisme effréné, aux tentations de la violence, aux expressions les plus variées du non-sens et du désespoir.

Prier le Rosaire *pour ses enfants*, et mieux encore *avec ses enfants*, en les éduquant depuis leur plus jeune âge à ce moment quotidien de «pause priante» de la famille, n'est certes pas la solution de tous les problèmes, mais elle constitue une aide spirituelle à ne pas sous-estimer. On peut objecter que le Rosaire apparaît comme une prière peu adaptée au goût des adolescents et des jeunes d'aujourd'hui. Mais l'objection vient peut-être d'une façon de le réciter souvent peu appliquée. Du reste, étant sauve sa structure fondamentale, rien n'empêche, pour les enfants et les adolescents, que la récitation du Rosaire — que ce soit en famille ou en groupes — s'enrichisse de possibles aménagements symboliques et concrets, qui en favorisent la compréhension et la mise en valeur. Pourquoi ne pas l'essayer? Une pastorale des jeunes qui n'est pas défaitiste, mais passionnée et créative — les Journées mondiales de la Jeunesse m'en ont donné la mesure! — est capable de faire, avec l'aide de Dieu, des choses vraiment significatives. Si le Rosaire est bien présenté, je suis sûr que les jeunes eux-mêmes seront capables de surprendre encore une fois les adultes, en faisant leur cette prière et en la récitant avec l'enthousiasme caractéristique de leur âge.

Le Rosaire, un trésor à redécouvrir

43. Chers frères et sœurs! Une prière aussi facile, et en même temps aussi riche, mérite vraiment d'être redécouverte par la communauté chrétienne. Faisons-le surtout cette année, en accueillant cette proposition comme un affermissement de la ligne tracée dans la Lettre apostolique *Novo millennio ineunte,* dont de nombreuses Églises particulières se sont inspirées dans leurs projets pastoraux pour planifier leurs engagements dans un proche avenir.

Je m'adresse à vous en particulier, chers Frères dans l'épiscopat, prêtres et diacres, et aussi à vous, agents pastoraux engagés dans divers ministères, pour que, en faisant l'expérience personnelle de la beauté du Rosaire, vous en deveniez des promoteurs actifs.

Je m'en remets aussi à vous, théologiens, afin qu'en menant une réflexion à la fois rigoureuse et sage, enracinée dans la Parole de Dieu et attentive au vécu du peuple chrétien, vous fassiez découvrir les fondements bibliques, les richesses spirituelles et la valeur pastorale de cette prière traditionnelle.

Je compte sur vous, les consacrés, hommes et femmes, appelés à un titre particulier à contempler le visage du Christ à l'école de Marie.

Je me tourne vers vous, frères et sœurs de toute condition, vers vous, familles chrétiennes, vers vous, malades et personnes âgées, vers vous les jeunes: *reprenez avec confiance le chapelet entre vos mains*, le redécouvrant à la lumière de l'Écriture, en harmonie avec la liturgie, dans le cadre de votre vie quotidienne.

Que mon appel ne reste pas lettre morte! Au début de la vingt-cinquième année de mon Pontificat, je remets cette Lettre apostolique entre les mains sages de la Vierge Marie, m'inclinant spirituellement devant son image dans le splendide sanctuaire qui lui a été édifié par le bienheureux Bartolo Longo, apôtre du Rosaire. Je fais volontiers miennes les paroles touchantes par lesquelles il termine la célèbre *Supplique à la Reine du Rosaire*: «Ô Rosaire béni par Marie, douce chaîne qui nous relie à Dieu, lien d'amour qui nous unit aux Anges, tour de sagesse face aux assauts de l'enfer, havre de sécurité dans le naufrage commun, nous ne te lâcherons plus. Tu seras notre réconfort à l'heure de l'agonie. À toi, le dernier baiser de la vie qui s'éteint. Et le dernier accent sur nos lèvres sera ton nom suave, ô Reine du Rosaire de Pompéi, ô notre Mère très chère, ô refuge des pécheurs, ô souveraine Consolatrice des affligés. Sois bénie en tout lieu, aujourd'hui et toujours, sur la terre et dans le ciel.»

Du Vatican, le 16 octobre 2002, début de la vingt-cinquième année de mon Pontificat.

Jean Paul II

NOTES

[1] Conc. œcum. Vat. II, Const. past. sur l'Église dans le monde de ce temps *Gaudium et spes*, n. 45.

[2] Paul VI, Exhort. apost. *Marialis cultus* (2 février 1974), n. 42: *AAS* 66 (1974), p. 153: *La Documentation catholique* 71 (1974), p. 314.

[3] Cf. *Acta Leonis XIII*, 3 (1884), pp. 280-289.

[4] En particulier, il est bon de noter sa Lettre apostolique sur le Rosaire: *Il religioso convegno* (29 septembre 1961): *AAS* 53

[5] *Angelus: Insegnamenti* (1978), pp. 75-76: *La Documentation catholique* 75 (1978), p. 958.

[6] *AAS* 93 (2001), p. 285: *La Documentation catholique* 98 (2001), p. 78.

[7] Au cours des années de préparation du Concile, Jean XXIII n'avait pas manqué d'inviter la communauté chrétienne à la récitation du Rosaire pour la réussite de cet événement ecclésial: cf. *Lettre au Cardinal Vicaire de Rome*, 28 septembre 1960: *AAS* 52 (1960), pp. 814-817: *La Documentation catholique* 57 (1960), col. 1249-1252.

[8] Const. dogm. sur l'Église *Lumen gentium*, n. 66.

[9] Lettre apost. *Novo millennio ineunte*, n. 32: *AAS* 93 (2001), p. 288: *La Documentation catholique* 98 (2001), p. 79.

[10] *Ibid.*, n. 33: *l.c.*, p. 289: *La Documentation catholique* 98 (2001), p. 80.

[11] Comme on le sait, il faut rappeler que les révélations privées ne sont pas de la même nature que la révélation publique, qui constitue une norme pour toute l'Église. Il est du devoir du Magistère de discerner et de reconnaître, pour la piété des fidèles, l'authenticité et la valeur des révélations privées.

[12] *Le secret admirable du très saint Rosaire pour se convertir et se sauver*: S. Louis Marie Grignion de Montfort, *Œuvres complètes*, Paris, 1966, pp. 263-389.

[13] *Histoire du Sanctuaire de Pompéi*, Pompéi, 1990, p. 59.

[14] Exhort. apost. *Marialis cultus* (2 février 1974), n. 47: *AAS* 66 (1974), p. 156: *La Documentation catholique* 71 (1974), p. 315.

[15] Constitution sur la Liturgie *Sacrosanctum Concilium*, n. 10.

[16] *Ibid.*, n. 12.

[17] Conc. œcum. Vat. II, Const. dogm. sur l'Église *Lumen gentium*, n. 58.

[18] *Les quinze samedis du Saint Rosaire*, 27.

[19] Conc. œcum. Vat. II, Const. dogmatique sur l'Église *Lumen gentium*, n. 53.

[20] *Ibid.*, n. 60.

[21] Cf. Premier radiomessage *Urbi et Orbi* (17 octobre 1978): *AAS* 70 (1978), p. 927: *La Documentation catholique* 75 (1978), p. 905.

[22] *Traité de la vraie dévotion à Marie*, n. 120, Paris, 1966, pp. 562-563.

[23] *Catéchisme de l'Église catholique*, n. 2679.

[24] *Ibid.*, n. 2675.

[25] La *Supplique à la Reine du Rosaire*, qui se récite de manière solennelle deux fois l'an, en mai et en octobre, fut composée par le bienheureux Bartolo Longo en 1883, comme une adhésion à l'invitation lancée par le Pape Léon XIII aux catholiques dans sa première encyclique sur le Rosaire, en vue d'un engagement spirituel qui puisse affronter les maux de la société.

[26] *La Divine Comédie, Le Paradis*, C. XXXIII, 13-15, Paris, 1996, p. 457.

[27] Jean-Paul II, Lettre apost. *Novo millennio ineunte* (6 janvier 2001) n. 20: *AAS* 93 (2001), p. 279: *La Documentation catholique* 98 (2001), p. 75.

[28] Exhort. apost. *Marialis cultus* (2 février 1974), n. 46: *AAS* 66 (1974), p. 155: *La Documentation catholique* 71 (1974), p. 315.

[29] Jean-Paul II, Lettre apost. *Novo millennio ineunte* (6 janvier 2001), n. 28: *AAS* 93 (2001), p. 284: *La Documentation catholique* 98 (2001), p. 77.

[30] N. 515.

[31] *Angelus* du 29 octobre 1978: *Insegnamenti* I (1978), p. 76: *La Documentation catholique* 75 (1978), p. 958.

[32] Conc. œcum. Vat. II, Const. past. sur l'Église dans le monde de ce temps *Gaudium et spes*, n. 22.

[33] S. Irénée de Lyon, *Adversus hæreses*, III, 18, 1: *PG* VII, 932: Paris, 1974, pp. 343-345.

[34] *Catéchisme de l'Église catholique*, n. 2616.

[35] Cf. n. 33: *AAS* 93 (2001), p. 289: *La Documentation catholique* 98 (2001), pp. 77-78.

[36] Jean-Paul II, *Lettre aux artistes* (4 avril 1999), n. 1: *AAS* 91 (1999), p. 1155: *La Documentation catholique* 96 (1999), p. 451.

[37] Cf. n. 46: *AAS* 66 (1974), p. 155: *La Documentation catholique* 71 (1974), p. 315. Cet usage a été récemment recommandé par la Congrégation pour le Culte divin et la Discipline des Sacrements dans le *Directoire sur la piété populaire et la liturgie. Principes et orientations* (17 décembre 2001), n. 201, Cité du Vatican, 2002, p. 165.

[38] «*Concede, quæsumus, ut hæc mysteria sacratissimo beatæ Mariæ Virginis Rosario recolentes, et imitemur quod continent, et quod promittunt assequamur*»: *Missale Romanum* (1960), *In festo B.M. Virginis a Rosario.*

[39] Cf. n. 34: *AAS* 93 (2001), p. 290: *La Documentation catholique* 98 (2001), p. 80.

TABLE DES MATIÈRES

INTRODUCTION 5

CHAPITRE 1
Contempler le Christ avec Marie 14

CHAPITRE 2
Mystère du Christ, Mystère de sa Mère 25

CHAPITRE 3
«Pour moi, vivre c'est le Christ» 37

CONCLUSION 50

Collection **VIE CHRÉTIENNE**

1. Gaudium et spes
2. Lumen gentium
3. Le culte de la Vierge Marie, *Paul VI*
8. Le Rédempteur de l'homme, *Jean-Paul II*
10. Humanæ vitæ, *Paul VI*
12. La catéchèse en notre temps, *Jean-Paul II*
17. C'est par le travail, *Jean-Paul II*
18. La famille, *Jean-Paul II*
22. Charte des droits de la famille
25. Le don de la Rédemption, *Jean-Paul II*
27. Lettre à tous les jeunes du monde, *Jean-Paul II*
30. Liberté chrétienne et libération
31. Le Curé d'Ars, *Jean-Paul II*
34. La Mère du Rédempteur, *Jean-Paul II*
35. La question sociale, *Jean-Paul II*
36. Dignité et vocation de la femme, *Jean-Paul II*
37. Vocation et mission des laïcs, *Jean-Paul II*
38. L'Église face au racisme
39. Saint Joseph, *Jean-Paul II*
40. La méditation chrétienne
41. La mission du Christ Rédempteur, *Jean-Paul II*
42. Centesimus annus, *Jean-Paul II*
43. Pasteurs selon mon cœur, *Jean-Paul II*
44. L'Eucharistie au cœur de l'évangélisation
45. La splendeur de la vérité, *Jean-Paul II*
46. Transplantations d'organes
47. Lettre aux familles, *Jean-Paul II*
48. L'interprétation de la Bible dans l'Église
49. La vie fraternelle en communauté
50. Directoire pour le ministère et la vie des prêtres
51. Évolutions démographiques,
    dimensions éthiques et pastorales
52. Le Jubilé de l'an 2000, *Jean-Paul II*
53. L'Évangile de la vie, *Jean-Paul II*
54. L'unité des chrétiens, *Jean-Paul II*
55. La vie consacrée, *Jean-Paul II*
56. Vérité et signification de la sexualité humaine
57. Instruction sur la collaboration des fidèles laïcs
58. Normes et directoire pour les diacres permanents

59. Nature... des Conférences des évêques, *Jean-Paul II*
60. Le Jour du Seigneur, *Jean-Paul II*
61. Foi et raison, *Jean-Paul II*
62. Le Mystère de l'incarnation, *Jean-Paul II*
63. L'Église en Amérique, *Jean-Paul II*
64. Dignité et mission des personnes âgées dans l'Église et dans le monde
65. Le prêtre du troisième millénaire
66. Le chemin de la vie — lettre du pape Jean-Paul II aux personnes agées
67. Jubilé de la vie consacrée
68. Famille, mariage et «unions de fait»
69. Le nouveau millénaire, *Jean-Paul II*
70. Repartir du Christ
71. Le Rosaire de la Vierge Marie, *Jean-Paul II*

Achevé de réimprimer
en février 2003 sur les presses de
Imprimeries Transcontinental inc.,
division Métrolitho

Imprimé au Canada – Printed in Canada